선생님,
난민은 왜 생기나요?

선생님, 난민은 왜 생기나요?

제1판 제1쇄 발행일 2024년 1월 15일
제1판 제2쇄 발행일 2024년 11월 22일

기획 | 책도둑(김민호, 박정훈, 박정식)
글 | 김미조
그림 | 홍윤표
디자인 | 이안디자인
펴낸이 | 김은지
펴낸곳 | 철수와영희
주소 | 서울시 마포구 월드컵로 65, 302호(망원동, 양경회관)
전화 | 02-332-0815
전송 | 02-6003-1958
전자우편 | chulsu815@hanmail.net
등록 | 제319-2005-42호
ISBN 979-11-7153-005-2 73300

ⓒ 김미조, 홍윤표 2024

* 이 책에 실린 내용 일부나 전부를 다른 곳에 쓰려면 반드시 저작권자와 철수와영희 모두한테서 동의를 받아야 합니다.
* 잘못된 책은 출판사나 처음 산 곳에서 바꾸어 줍니다.
* 철수와영희 출판사는 '어린이' 철수와 영희, '어른' 철수와 영희에게 도움 되는 책을 펴내기 위해 노력합니다.

어린이제품 안전특별법에 의한 기타 표시사항

제품명 도서 | 제조자명 철수와영희 | 제조국명 한국 | 전화번호 (02)332-0815 | 제조연월 2024년 11월 | 사용연령 8세 이상
주소 04018 서울시 마포구 월드컵로 65, 302호(망원동, 양경회관)
주의사항 종이에 베이거나 긁히지 않도록 조심하세요. 책 모서리가 날카로우니 던지거나 떨어뜨리지 마세요.

선생님,
난민은 왜 생기나요?

글 김미조 | 그림 홍윤표

철수와영희

머리말

수많은 사람이 난민으로 살고 있어요

오래전 시리아에 간 적이 있어요. 시리아는 지중해 연안에 있는 나라예요. 그곳엔 밝고 친절한 사람들이 살고 있었어요.

시리아의 수도 다마스쿠스는 3000년의 역사를 가지고 있어요. 인류가 만든 가장 오래된 도시 중 하나로, '천의 매력을 가진 도시'라는 별명도 가지고 있어요. 역사가 깊은 만큼 다양한 문화가 스며 있기 때문이에요.

한국으로 돌아온 후에도 가끔 시리아를 떠올렸어요. 수천 년 된 유적, 멋진 도시, 예쁜 시골 마을, 친절한 사람들이 있는 곳으로요. 그런데 2011년 시리아에서 내전이 발생했어요. 뉴스를 듣고 시리아 여행에서 만났던 사람들을 걱정했어요. 숙소 주인, 자주 갔던 카페의 직원, 시장의 과일가게 아저씨, 이슬람 사원인 모스크 앞에서 만난 두 아이의 엄마, 내게 말을 걸고 까르르 웃던 여학생들.

'다들 무사했으면 좋겠다.'

하지만 내전은 길어졌어요. 오히려 미국, 러시아, 영국 등 여러 나라가 끼어들어 국제전이 되어 버렸어요. 이 과정에서 고통받는 건 시리아 국민이었어요. 수많은 사람이 죽거나 다쳤어요. 또, 수많은 사람이 시리아를 탈출해 다른 나라로 피난 갔어요. 이처럼 위험을 피해 다른 나라로 피난 간 사람을 '난민'이라고 해요. 시리아뿐 아니라 베네수엘라, 아프가니스탄, 미얀마 등의 나라에서도 난민이 발생하고 있어요.

그 어떤 사람도 일부러 난민이 되진 않아요. 그런데도 수많은 사람이 난민으로 살고 있어요.

도대체 이들에게 무슨 일이 일어난 것일까요? 어째서 난민이 될 수밖에 없는 것일까요? 난민은 어떤 삶을 살고 있을까요? 우리는 난민을 어떻게 바라봐야 할까요? 지금부터 한번 살펴보아요.

김미조 드림

머리말 수많은 사람이 난민으로 살고 있어요 ——— 6

1 난민이 뭐예요?

1. 난민의 뜻은 무엇인가요? _____ 14
2. 난민은 왜 생기나요? _____ 16
3. 기후 난민도 있다고요? _____ 19
4. 난민은 언제부터 있었나요? _____ 22
5. 난민도 국적이 있나요? _____ 24
6. 자기 나라로 돌아간 난민도 있어요? _____ 27

2

국경을 넘는 사람들

7. 다른 나라로 가려면 무엇이 필요한가요? _____ 32
8. 난민은 어떻게 국경을 넘나요? _____ 35
9. 왜 난민들은 브로커를 통하나요? _____ 38
10. 난민은 모두 유럽으로 가나요? _____ 42
11. 우리나라에도 난민이 있어요? _____ 46
12. 난민 인정 신청이 뭔가요? _____ 49
13. 난민 인정을 받지 못하면, 무조건 추방되나요? _____ 52

3

난민들은 어떻게 사나요?

14. 유엔 난민 기구는 무슨 일을 하나요? _____ 56
15. 난민을 돕는 사람들은 누구인가요? _____ 59
16. 난민은 어디에서 사나요? _____ 62
17. 난민촌에도 학교가 있나요? _____ 65
18. 왜 불법 체류자가 되나요? _____ 68
19. 북한을 떠나온 사람도 난민인가요? _____ 70
20. 난민 생활의 장애물은 무엇인가요? _____ 72

지구촌의 난민들

21. 시리아는 왜 세계 최대 난민국이 되었나요? _____ 78
22. 베네수엘라에 난민이 생긴 이유는 무엇인가요? _____ 80
23. 아프가니스탄 사람들이 탈출하려는 이유는 무엇인가요? _____ 82
24. 남수단 사람들은 어쩌다 난민이 되었나요? _____ 86
25. 미얀마 정부는 왜 로힝야족을 쫓아냈나요? _____ 88
26. 방글라데시에는 왜 세계 최대의 난민촌이 있나요? _____ 91
27. 러시아–우크라이나 전쟁에서도 난민이 생겼나요? _____ 93

난민은 우리의 친구

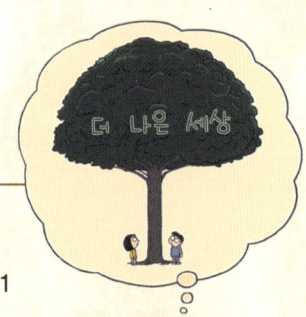

28. 왜 난민을 경계하나요? _____ 98
29. 난민이 될 수 없는 사람도 있나요? _____ 101
30. 난민이 더 생길 수도 있다고요? _____ 104
31. 난민 인권이 중요한 이유는 무엇인가요? _____ 107

1
난민이 뭐예요?

1 난민의 뜻은 무엇인가요?

 이 지구엔 얼마나 많은 사람이 살고 있을까요?
 2023년 기준으로 약 80억 명이 살아요. 그런데 이 중 약 1억 840만 명이 실향민이에요. 실향민은 '고향으로 돌아가지 못하고 다른 곳에서 사는 사람'이에요. 이들이 고향을 떠난 건 더는 고향에서 살 수 없는 위험한 일이 생겼기 때문이에요.
 실향민 중엔 자기 나라의 다른 지역으로 피난 간 사람도 있고, 아예 다른 나라로 피난 간 사람도 있어요. 각각 '국내 실향민'과 '국외 실향민'이라고 해요. 우리가 흔히 말하는 난민은 국외 실향민이에요. 그럼 이 세상엔 얼마나 많은 난민이 있을까요?
 약 3530만 명의 난민이 있어요. 그런데 이는 2022년 말 '유엔 세계 난민 보고서'가 발표한 숫자일 뿐이에요. 사람들을 난민으로 내모는 일은 계속 일어나고 있어요. 대표적인 예로 러시아-우크라이나 전쟁이 있어요.

2022년 2월, 러시아는 우크라이나를 공격했어요. 전쟁이 터지자 수백만 명의 우크라이나인이 이웃 나라인 폴란드로 피난 갔어요. 이들 역시 난민이 되어 버렸어요.

이처럼 난민은 매년 늘어나고 있어요. 그런데 난민을 발생시키는 이유엔 전쟁만 있는 건 아니에요. 그렇다면, 또 어떤 이유가 있을까요?

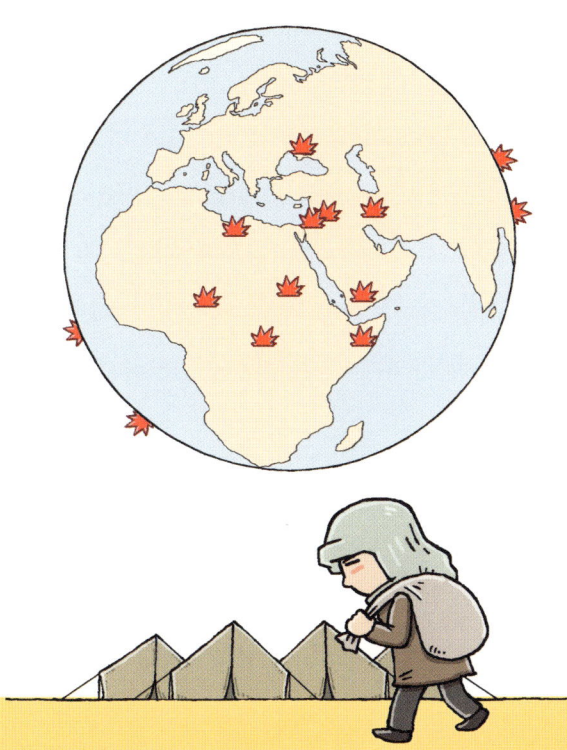

2 난민은 왜 생기나요?

사람들을 난민으로 내모는 이유론 '전쟁', '빈곤', '박해' 등을 들 수 있어요.

전쟁은 수많은 도시나 마을을 파괴해요. 이로 인해 전기, 수도, 교통 등 사회의 기반 시설도 사용할 수 없게 돼요. 생존에 필요한 물과 음식도 구하기 힘들어요. 무엇보다 매일 어디선가 터지는 폭탄이나 총격에 목숨을 위협받게 되죠. 이런 상황에서 사람이 어떻게 살 수 있을까요? 당연히 많은 사람이 전쟁이 없는 곳으로 가려 할 거예요.

빈곤은 전쟁과 짝꿍이에요. 전쟁은 모든 것을 무너뜨려요. 사람의 목숨뿐 아니라 경제도 죽게 해요. 여기저기서 폭탄이 터지고, 사회 기반 시설이 망가진 나라에서 누가 일할 수 있겠어요? 또, 기업은 어떻게 운영되겠어요? 상품을 만들기도 힘들고, 팔거나 사기도 힘들어요. 전쟁이 있는 곳에선 가난이 따라붙을 수밖에 없어요.

한편, 전쟁은 없지만 무척 빈곤한 나라들이 있어요. 가난한 데다 사회가 혼란한 이런 나라들을 '최빈국'이라고 해요. 최빈국 국민은 식량 부족으로 생존을 위협받아요. 사람이 오랜 기간 음식을 먹지

못하면, 몸에 약해지고, 병이 들거나 죽을 수도 있어요. 이를 '기아 현상'이라고 해요. 특히 어린이는 더 극심한 고통을 당하고 있어요. 최빈국 국민 역시 살기 위해 난민이 되는 경우가 많아요.

박해는 '힘을 가진 세력이 자신들보다 약한 개인이나 세력을 차별하고 못살게 구는 것'을 말해요. 예를 들어 국민의 95%가 기독교를 믿는 나라가 있어요. 기독교의 힘이 센 거죠. 그런데 기독교를 믿는 사람들이 기독교를 믿지 않는 나머지 5%를 괴롭히거나 죽여요. 이때, 5%는 종교적 박해를 받은 것이 돼요. 만약 정치적 의견이 다르면 정치적 박해, 민족이 다르면 민족 박해가 되어요. 박해를 받는 사람들 역시 생명의 위협을 느끼고, 다른 나라로 피난을 가요.

그러니까 난민의 정확한 뜻은 '전쟁, 빈곤, 박해 등의 위험을 피해 다른 나라로 피난 간 사람'이라고 할 수 있어요.

세계의 어린이 난민

전 세계 난민과 국내 실향민 중 3650만 명이 18세 미만의 어린이예요. 어린이는 어른보다 더 많은 위험을 겪고 있어요. 무장 단체에 납치당하기도 하고, 어디론가 끌려가 힘든 노동에 시달리기도 해요. 여자아이는 나이 많은 사람과 강제로 결혼하는 일도 일어나요.

또, 피난 중 보호자가 죽거나 보호자의 손을 놓쳐 혼자가 된 어린이도 많아요. 한 예로, 2020년 유럽에 간 아동 난민은 1만 6700명인데, 이 중 1만 명은 보호자가 없다고 해요.

3 기후 난민도 있다고요?

우리는 위에서 사람들이 난민이 되는 이유를 살펴보았어요. 난민을 가장 많이 발생시키는 건 전쟁이었어요. 그리고 빈곤, 박해도 평범한 사람을 난민으로 내몬다는 것을 알게 되었어요. 그런데 우리 모두를 위험에 빠트리는 일이 있어요. 그건 바로 지구 온난화 현상 등을 일으키는 기후 위기예요.

지구 온난화 현상은 지구의 평균 기온이 높아지는 것을 말해요. 지난 100년간 지구의 평균 온도는 0.74도나 올랐어요. 이대로 가다간 2100년엔 지구 온도가 4도 이상 올라갈 수도 있어요.

지구의 평균 온도가 높아지는 게 왜 문제일까요?

일단 기후 변화가 심각해져요. 비가 내리지 않은 곳에 비가 내리거나 반대로 비가 내렸던 곳에 비가 내리지 않아요. 가뭄, 홍수, 태풍 등의 자연재해는 이전보다 훨씬 자주 발생해요. 북극의 얼음을 녹이기도 해요. 녹은 얼음은 그대로 바닷물이 되어, 바다 수위를 높여요. 수위가 높아진 바다는 섬이나 해안 도시를 삼켜요. 실제로 지금도 북극에 있는 얼음이 녹고 있어요. 그리고 이미 물에 잠긴 나라도 있어요. 태평양 중남부 폴리네시아 지역에 있는 투발루라는 나라 예요.

투발루는 아홉 개의 섬으로 이루어졌는데, 이미 섬 두 개가 바다에 잠겨 사라져 버렸어요. 전문가들은 50년 후면 투발루라는 나라 자체가 사라질 수 있다고 해요. 그래서 투발루 정부는 이웃 나라인 호주와 뉴질랜드에 투발루 국민을 받아 달라고 요청했어요. 투발루는 세계에서 네 번째로 작은 나라라 전체 국민이 1만 2000여 명밖에 되지 않거든요. 호주 정부와 뉴질랜드 정부가 투발루 사람들을 받아들이지 않으면 이들은 각자 알아서 자기 나라를 탈출할 수밖에 없어요. 이처럼 기후 문제로 생활 기반이 파괴되어 다른 나라로 가는 사람을 '기후 난민'이라고 해요.

현재 전 세계 기후 난민은 약 700만 명이에요. 2050년엔 약 1억 4000만 명이 기후 난민이 될 것이라는 예측도 있어요. 기후 위기는 가난한 나라, 부유한 나라를 따지지 않아요. 세상 모든 나라에 닥친 문제에요. 하지만 기후 위기로 가장 먼저 고통받는 건 가난한 나라의 가난한 사람들이에요.

4 난민은 언제부터 있었나요?

난민은 아주 오래전부터 있었어요. 전쟁, 박해, 자연재해 등의 위험은 예전에도 있었기 때문이에요.

대표적인 예로 고대 유대인을 들 수 있어요. 유대인은 2000년 전 유럽 곳곳을 떠도는 난민이 되었어요. 그들이 살았던 가나안(지금의 팔레스타인 지역)이 로마 제국의 식민지가 되었기 때문이에요. 이들은 2000년 넘게 나라 없는 민족으로 살았어요. 그 과정에서 수많은 차별과 박해를 받았어요. 다른 나라에서도 유대인을 이방인 취급하며, 반기지 않았기 때문이에요. 하지만 이들은 1920년대부터 다시 가나안으로 돌아가기 시작했어요. 그런데 가나안은 비어 있는 땅이 아니었어요. 그곳엔 오래전부터 팔레스타인인이 살고 있었어요. 그런데도 유대인들은 미국과 유럽 국가의 힘을 빌려 무력으로 팔레스타인인을 내쫓아 버렸어요. 그 결과 지금은 많은 팔레스타인인이 난민이 되어 버렸어요.

우리나라 역사에서도 난민을 쉽게 찾아볼 수 있어요. 668년에 고구려가 중국 당나라와 신라의 연합군과의 전쟁에서 패배해 멸망했어요. 당시 수많은 고구려인이 일본, 중국 등으로 도망쳤어요. 또, 일제 강점기엔 많은 사람이 일본의 탄압을 피해 중국, 러시아 등 다른 나라로 갔어요. 이들은 다른 나라에서 난민 생활을 했어요.

이처럼 난민은 오늘날 갑자기 생긴 게 아니에요. 또, 특별한 나라의 특별한 사람만이 되는 것도 아니에요. 오래전부터 있었고, 누구든지 난민이 될 수 있어요.

5 난민도 국적이 있나요?

 '국적'은 '한 나라의 구성원이 되는 자격'이에요. 보통은 태어난 나라의 국적을 가지게 돼요. 영희를 예로 들어 보아요. 영희 부모님은 한국에서 사는 한국인이고, 영희는 한국에서 태어나 자랐어요. 영희의 국적은 자연스럽게 한국이 되었어요.

 한국 국민인 영희는 죽을 때까지 국적을 바꿀 수 없는 걸까요?

 그렇진 않아요. 만약 영희가 캐나다에서 직업을 구하고, 그곳에 계속 살고 싶으면, 국적을 캐나다로 바꿀 수도 있어요. 그러다 미국인과 결혼하면 국적을 미국으로 바꿀 수도 있어요. 이처럼 사람들은 학업, 직장, 결혼 등의 이유로 국적을 바꾸곤 해요.

 난민도 영희처럼 자신이 태어나고 자란 나라가 있어요. 시리아 난민은 시리아, 베네수엘라 난민은 베네수엘라의 국민이었어요. 그런데 난민이 된 순간, 이들은 나라의 보호를 전혀 받지 못해요.

 한편, 처음부터 국적을 가지지 못한 난민도 있어요. 나라가 없는 민족 출신의 난민이 그래요. 나라가 없다니 이상한 말처럼 들리죠? 이 세상엔 자기 나라를 만들지 못한 민족도 있어요. 대표적인 예로

로힝야족과 쿠르드족을 들 수 있어요.

  로힝야족은 주로 미얀마 서부 지역에서 살아요. 하지만 미얀마 정부는 로힝야족을 자국민으로 인정하지 않아요. 쿠르드족은 튀르키예(터키), 이라크, 시리아 등에서 살고 있어요. 이들 역시 국적이 없어요. 그 어떤 나라도 이들에게 국적을 주지 않기 때문이에요.

  난민들이 피난 가서 사는 나라를 '비호국'이라고 해요. 어떤 시리아 난민이 독일로 피난 갔다면, 그 사람의 비호국은 독일이에요. 난민은 비호국에 '비호권'을 신청할 수 있어요. 이는 '다른 나라로 간 이주민이 국제적으로 보호받을 수 있는 권리'를 말해요. 하지만 모두가 인정받을 수 있는 건 아니에요. 각 나라마다 정책에 따라 인정해 주기도 하고, 아예 인정 안 하기도 해요. 그러니까 난민 모두가 보호받는 것은 아니에요.

6 자기 나라로 돌아간 난민도 있어요?

2022년 한 해에만 약 33만 9300명의 난민이 자기 나라로 돌아갔어요. 하지만 여전히 많은 사람이 난민으로 살고 있어요. 이들은 왜 돌아가지 못했을까요?

시리아를 예로 들어 보아요. 전 세계 난민 중 시리아 출신이 가장 많아요. 2011년 시작된 내전으로 수많은 사람이 난민이 되었어요. 이들 중엔 자기 나라로 가고 싶어 하는 사람도 있을 거예요. 난민 생활이 힘드니까요. 또, 고국에 두고 온 가족이나 친구가 몹시 보고 싶을 거예요. 하지만 자기 나라로 돌아가지 못하고 있어요. 아직도 내전 중이기 때문이에요.

고국으로 돌아가려면 떠나온 원인이 해결되어야 해요. 하지만 전쟁 중인 나라는 계속 전쟁 중이고, 정치적 혼란이 심한 나라는 계속 혼란하고, 극심한 빈곤을 겪는 나라는 계속 가난해요.

그리고 난민 중엔 비호국이 더 익숙한 사람도 있어요. 독일에서 태어난 시바를 예로 들어 볼게요. 시바의 엄마 사나는 시리아를 탈출한 난민이에요. 이 때문에 시바도 난민이 되어 버렸어요. 독일에서 태어나 살고 있어도 독일 국적은 얻지 못했어요. 부모가 난민이면 그 아이도 난민이 되어요. 그런데 시바에겐 시리아와 독일 중 어느 나라가 더 익숙할까요? 당연히 독일이죠. 시바는 시리아에 대한 기억이 없어요. 그런데도 시리아로 돌아가야 할까요?

시바처럼 비호국에서 태어난 난민 아이들이 많아요. 이들에게 부모의 나라는 그리움의 대상이 아니에요. 또, 거기서 태어난 건 아니지만 아주 어린 나이에 비호국에서 살기 시작한 난민들도 있어요.

이들 역시 조국보다 비호국이 더 익숙할 거예요.

　반면, 자기 나라로 돌아가고 싶어도 방법을 찾지 못했거나 돈이 없어서 돌아가지 못하는 난민도 있어요. 이 경우엔 유엔 난민 기구 등 난민을 돕는 단체에서 도움을 주기도 해요.

**난민이 고국으로 돌아가려면
떠나온 원인이 해결되어야 해요. 하지만
전쟁 중인 나라는 계속 전쟁 중이고,
정치적 혼란이 심한 나라는 계속 혼란하고,
극심한 빈곤을 겪는 나라는 계속 가난해요.**

2
국경을 넘는 사람들

7 다른 나라로 가려면 무엇이 필요한가요?

    모든 사람이 자기가 태어난 나라에서 사는 건 아니에요. 직장, 학업, 결혼 등의 이유로 다른 나라에 가서 사는 사람도 많아요. 이들을 이주민이라고 해요. 그럼 난민도 이주민일까요?

    네. 난민도 이주민이에요. 그런데 난민은 '강제적 이주민'이에요. 어쩔 수 없는 이유로 다른 나라로 피난 갔기 때문이에요. 반면, 학업, 직장, 결혼 등의 이유로 다른 나라에 간 사람은 '자발적 이주민'이라고 해요. 이들은 스스로 원해서 다른 나라로 간 거예요.

    강제적 이주민이든 자발적 이주민이든 다른 나라에 가려면 여권과 비자가 있어야 해요. 여권은 국적과 신분을 증명하는 신분증이에요. 비자는 외국인의 출입국을 허가하는 증명서예요. 여권은 국적국(자신의 국적이 등록된 나라)에서 발급받는 것이고, 비자는 가려고 하는 나라에서 발급받아요.

    영희를 예로 들어 보아요. 영희는 미국의 한 대학에 합격했어요.

석 달 후엔 미국으로 가야 해요. 영희는 먼저 한국 외교부에 여권을 신청해 발급받았어요. 그런 후, 미국 대사관에 비자를 신청해 발급받았어요. 이 과정은 전혀 어렵지 않았어요. 출국 날, 영희는 인천국제공항으로 갔어요. 그곳에서 여권과 비행기 표를 검사받고 미국행 비행기를 탈 수 있었어요. 미국에 도착해서는 공항에서 여권, 비자, 비행기 표를 보여 주고, 공항 밖으로 나올 수 있었어요.

세계 모든 국제공항에선 여권, 비자, 비행기 표 등을 꼼꼼하게 검사해요. 이 중 하나라도 없으면, 통과할 수 없어요. 만약 영희가 비행기 대신 배를 선택했더라도 마찬가지예요. 다른 나라로 가기 위해

선 국제 여객선 터미널에서 배를 타야 하는데, 여기서도 공항처럼 여권과 비자를 꼼꼼하게 검사해요.

그런데 영희가 난민이라면, 미국에서 비자를 발급해 주었을까요? 미국뿐 아니라 거의 모든 나라는 난민에게 비자를 발급해 주지 않아요. 난민을 반기지 않기 때문이에요. 그리고 난민은 자기 나라에서 여권을 발급받는 것부터 어려워요. 그 나라가 전쟁 중인 경우엔 더 그래요.

그래서 많은 난민이 국제공항, 국제 여객선 터미널을 통하지 않고서 다른 나라에 가는 방법을 찾아요.

8 난민은 어떻게 국경을 넘나요?

국경선은 나라와 나라의 경계선이에요. 섬을 제외한 거의 모든 나라는 다른 나라와 이웃해 있어요. 이들은 각자의 땅에 영역을 표시해요.

튀르키예와 시리아를 살펴볼게요. 튀르키예와 시리아는 이웃해 있어요. 두 나라가 맞닿은 땅 길이는 400킬로미터예요. 서울시청에서 부산시청까지 거리가 약 400킬로미터인 걸 생각하면, 튀르키예와 시리아의 국경선이 상당히 길다는 걸 알 수 있겠죠? 국경선을 기준으로 이쪽은 튀르키예, 저쪽은 시리아가 되는 거예요.

시리아에서 튀르키예로 가려면 국경을 넘어야 해요. 자동차나 트럭을 이용해 갈 수도 있고, 걸어서도 갈 수 있어요. 국경을 넘을 땐 꼭 국경 출입국 관리소가 있는 쪽을 통과해야 해요.

국경 출입국 관리소에서는 사람들의 여권과 비자를 검사해요. 여권이나 비자가 없으면 국경도 넘을 수 없어요. 이 때문에 시리아 난민은 출입국 관리소가 없는 지역에서 국경을 넘어요. 그렇다고 국경을 넘기 쉽다는 말이 아니에요. 대부분은 장벽으로 가로막혀 있기 때문이에요.

튀르키예 정부는 시리아와 튀르키예 국경 사이에 4미터 높이의 콘크리트 벽을 설치했어요. 시리아와 튀르키예의 국경 장벽은 세계에서 세 번째로 길어요. 첫 번째는 만리장성이고, 두 번째가 미국과 멕시코 사이의 국경 장벽이에요. 미국과 멕시코 국경 장벽의 높이는 최대 9미터예요. 그런데 난민들은 어떻게 국경 장벽을 넘을까요?

가장 흔히 이용하는 방법으로 사다리를 대는 거예요. 사다리를 타고 장벽을 넘는 사람들이 많아지자 각 나라는 국경 장벽에 열화상 카메라나 음향 센서 등을 달아 놓기도 했어요. 또, 탐지용 드론을 작동시키는 곳도 있어요. 국경을 넘는 사람들을 감시하고, 잡아내기 위해서예요.

감시가 심한 국경 장벽은 난민이 넘기 힘들어요. 그래서 많은 난민이 아예 장벽이 없는 곳을 찾아 국경을 넘기도 해요. 이를테면, 산이나 사막을 넘거나 바다나 강을 헤엄쳐 가는 식이에요. 이 과정에서 많은 난민이 굶주림이나 더위에 시달려 병을 얻거나 목숨을 잃었어요.

감시가 심한 국경 장벽은 난민이 넘기 힘들어요. 그래서 많은 난민이 아예 장벽이 없는 곳을 찾아 국경을 넘기도 해요. 이를테면, 산이나 사막을 넘거나 바다나 강을 헤엄쳐 가는 식이에요. 이 과정에서 많은 난민이 굶주림이나 더위에 시달려 병을 얻거나 목숨을 잃었어요.

9 왜 난민들은 브로커를 통하나요?

압둘라는 가족들과 시리아를 탈출하기로 했어요. 전쟁 중인 시리아에서 더는 살 수가 없었기 때문이에요. 압둘라에겐 두 아들도 있었어요. 아이들이 평화로운 곳에서 살기를 바란 압둘라는 결심했어요. 난민 브로커를 통해 시리아를 탈출하기로요.

난민 브로커는 돈을 받고 난민을 다른 나라에 데려다주는 일을 하는 사람이에요. 이는 법으로 금지되어 있어요. 하지만 탈출 방법을 모르거나 혼자의 힘으로 탈출하기 힘든 난민들은 이들의 도움을 받으려 해요.

난민 브로커를 통하면, 가짜 여권이나 비자를 만들 수도 있어요. 유럽으로 가기 위해선 꼭 필요한 서류들이에요. 또, 난민 브로커가 제공하는 운송 수단도 이용할 수 있어요. 난민 브로커가 난민들을 다른 나라에 데려가는 과정에서 가장 많이 이용하는 운송 수단은 보트와 트럭이에요. 난민을 태운 보트는 '난민 보트', 난민을 태운 트럭은 '난민 트럭'이라고 불러요.

　2015년 9월 캄캄한 새벽이었어요. 압둘라 가족은 그리스로 가는 난민 보트에 올랐어요. 그런데 얼마 지나지 않아 세찬 바람이 불고 높은 파도가 들이닥쳤어요. 압둘라 가족을 태운 배는 그대로 바다에 가라앉고 말았어요. 당시 배에는 난민 23명이 타고 있었어요. 이 중 12명이 죽었어요. 여기에는 압둘라의 어린 아들 두 명과 아내도 있었어요. 작은아들인 에일란 쿠르디는 튀르키예 해변에서 숨진 채 발견되었어요. 이때 쿠르디의 나이는 겨우 세 살이었어요.

　이런 사고는 자주 나요. 2017년부터 2021년까지 지중해를 건너던 난민 중 최소 8500명이 죽거나 실종되었다는 통계도 있어요.

　그런데 난민 보트는 왜 사고가 많이 날까요? 그 이유는 여러 가지

예요. 첫째, 난민 보트는 고무나 나무로 만든 작은 배인 경우가 많아요. 이런 배는 사나운 바람이나 파도를 피하기 힘들어요. 둘째, 난민 보트는 주로 캄캄한 밤이나 새벽에 출발해요. 다른 사람들의 눈에 띄지 않기 위해서예요. 이 때문에 위험한 상황이 닥쳤을 때, 대처가 힘들어요. 셋째, 난민 보트엔 정원 이상이 타는 경우가 많아요. 이를테면, 10명이 탈 수 있는 배에 15명이나 20명을 태워요. 난민 브로커가 더 많은 돈을 벌기 위해 최대한 많은 난민을 태우기 때문이에요.

그럼 난민 트럭은 좀 안전할까요?

수년 전, 오스트리아의 고속도로 갓길에 버려진 난민 트럭에서 71명이 죽은 채로 발견된 적이 있어요. 트럭 안에 있던 난민들은 왜 죽었을까요?

브로커는 난민들을 트럭의 짐칸에 태우고 밖에서 문을 잠가요. 그러면 빛도 들어가지 않고, 공기도 제대로 통하지 않아요. 그런 곳에 수십 명의 난민이 빼곡히 앉아 있어요. 날이 더워 트럭 안은 그야말로 찜통이었어요. 난민들은 숨을 쉬지도 못했고, 몹시 고통스러웠어요. 밖으로 나가고 싶었지만, 안에서는 문을 열 수 없었어요. 그러다 결국 목숨을 잃고 말았어요.

당시 브로커는 트럭 안 난민들이 모두 죽어 있는 것을 발견하곤 트럭을 내버려 둔 채 도망가 버렸어요. 이와 유사한 일이 거의 매년 발생하고 있어요. 그래서 난민 트럭을 '죽음의 트럭'이라고도 불러요.

난민 브로커는 난민을 대상으로 돈을 벌 뿐이에요. 난민의 안전이나 죽음에 책임지지 않아요. 난민에게 돈만 받고 약속을 지키지 않는 브로커도 있어요. 심지어 어떤 브로커는 돈을 받고 여성과 어린이를 인신매매 조직에 넘기기도 해요. 이러한 위험이 있다는 것을 난민도 알고 있어요. 그런데도 제법 많은 난민이 난민 브로커의 도움을 받아요. 특히 유럽에 간 난민의 90%는 난민 브로커의 힘을 빌렸다고 해요. 그런데 난민들은 유럽에만 가는 걸까요? 이웃 나라로 가는 난민은 없을까요?

난민 탈출 비용

2016년 인터폴(국제형사경찰기구)이 발표한 자료에 따르면 난민이 브로커에게 주는 돈은 한 명당 우리 돈으로 380만 원에서 770만 원이라고 해요. 목적지, 운송 수단, 위험도에 따라 가격이 달라져요. 2021년 레바논에서 유럽으로 가는 난민들은 브로커에게 한 명당 약 600만 원을 냈다고 해요.

10 난민은 모두 유럽으로 가나요?

철수는 뉴스에서 난민 관련 소식을 종종 들었어요. 이를테면, 유럽으로 가던 난민 보트가 뒤집혔거나 유럽의 한 도로에서 난민 트럭이 발견된 소식이에요. 이 때문에 철수는 '난민은 전부 유럽에 가는구나.' 하고 생각했어요. 사실 철수의 친구들, 철수가 아는 어른들도 이런 생각을 많이 하고 있었죠.

그런데 난민은 정말 유럽에만 갈까요?

전체 난민의 76%는 개발도상국이나 빈민국에 가 있어요. 또, 70%는 그들의 이웃 나라에 있어요.

난민들은 왜 이웃 나라로 갈까요?

첫째, 가깝기 때문이에요. 멀리 떨어진 나라에 가려면 돈이 많이 들어요. 또, 난민 브로커의 도움 없이 가기가 힘들어요. 난민 대부분은 가난해요. 이동 경비나 난민 브로커에게 줄 돈이 없으니 가까운 이웃 나라로 넘어가는 거예요. 이웃 나라는 걸어서도 갈 수 있으니까요.

둘째, 이웃 나라는 문화나 언어가 비슷한 경우가 많아요. 완전히 낯선 나라보다 좀 더 적응하기 쉽다는 장점이 있어요.

셋째, 고향으로 돌아가기가 쉬워요. 언젠가 자기 나라로 돌아갈 생각이 있는 난민들은 아무래도 가까운 이웃 나라를 선택하게 돼요.

이러한 이유로 대다수 난민은 이웃 나라에 가 있지만, 아주 큰 문제가 남아 있어요. 이웃 나라도 정치적으로 불안정하거나 가난한 경우가 많다는 거예요.

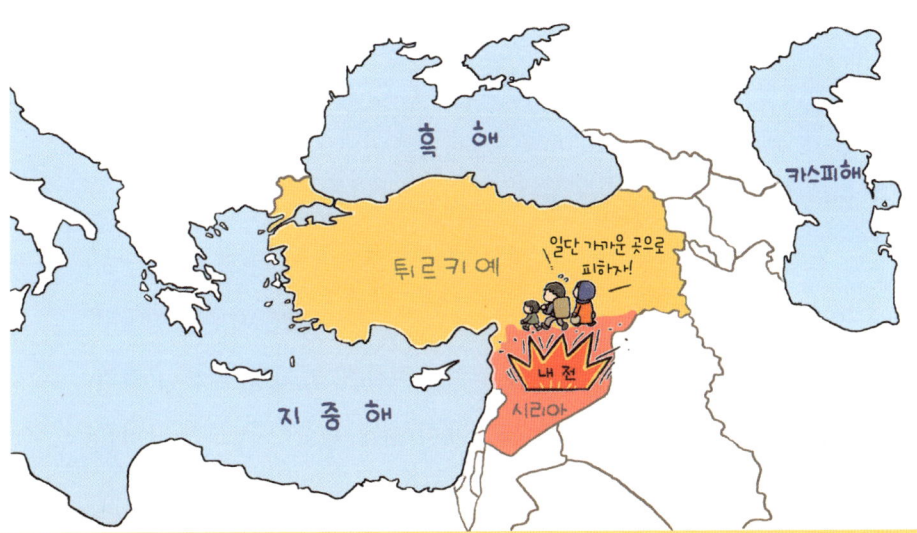

소말리아를 예로 들어 보아요. 소말리아는 세상에서 가장 가난한 나라 중 하나예요. 또, 오랜 내전으로 사람들이 살기에 위험해요. 수많은 소말리아인은 내전을 피해 이웃 나라인 케냐로 갔어요. 그런데 케냐도 매우 가난한 나라예요. 오랫동안 식량 부족에 시달렸고, 잦은 분쟁으로 사회가 혼란스러워요. 케냐 정부는 난민을 보호하거나 지원해 줄 여력이 없어요. 케냐로 간 소말리아 난민 대부분은 굶주림에 시달리고 있어요.
　그럼 다른 나라들은 상황이 좋을까요? 베네수엘라 난민이 많이 가는 콜롬비아, 아프간 난민이 많이 가는 파키스탄도 케냐와 다르지 않은 상황이에요.
　그러니까 70%가 넘는 난민은 경제적으로 가난하고, 정치적으로 불안정하고, 사회적으로 혼란한 나라에 가 있어요. 이웃 나라 대부분이 개발 도상국이거나 빈민국이기 때문이에요. 이러니 꽤 많은 난민이 유럽으로 가고 싶어 해요.
　유럽은 상대적으로 안전하고, 평화로워요. 또, 인권도 보장되며, 복지 시설도 잘 갖춰져 있어요. 유럽으로 가는 길은 매우 위험하지만, 일단 도착하면 생계비 등을 지원받을 수도 있어요. 물론 유럽의 모든 나라가 그런 건 아니에요. 그래서 많은 사람이 비교적 난민을 잘 받아들이고, 지원이 좋은 독일로 향했어요. 이 때문에 독일은 유럽 국가 중 난민이 가장 많은 나라예요. 하지만 전 세계에서 난민이 가장 많은 나라는 튀르키예예요.

    튀르키예는 시리아의 이웃 나라예요. 내전이 터지자 많은 시리아인이 튀르키예 국경을 넘었어요. 콜롬비아도 난민이 많은 나라예요. 콜롬비아는 베네수엘라의 이웃 나라예요. 경제가 무너지자 베네수엘라인들은 콜롬비아 국경을 넘었어요.

    이처럼 대다수 난민은 유럽이 아니라 이웃 나라에 가 있어요.

난민이 많이 간 나라들

난민 비호 상위 5개국

1. 튀르키예 : 360만 명
2. 이란 : 340만 명
3. 콜롬비아 : 250만 명
4. 독일 : 210만 명
5. 파키스탄 : 170만 명

*2022년 유엔 보고서 기준

11 우리나라에도 난민이 있어요?

우리나라는 1994년에 첫 난민 신청자를 받았어요. 이후로 지금까지 우리나라에 난민 신청을 한 사람은 10만 176명이에요. 이 중 1421명(법무부 통계월보 2023년 10월 기준)만이 난민으로 인정받았어요.

그럼 우리나라에 난민이 많이 오는 편일까요?

다른 나라에 비해 많지는 않아요. 우리나라는 삼면이 바다인 데다 북쪽은 휴전선으로 가로막혀 있어요. 난민이 몰래 들어오기 어려운 나라예요. 그리고 난민 대부분이 이웃 나라로 향하는데, 우리와 가장 가까운 이웃 나라는 중국, 일본이에요. 중국, 일본은 난민을 발생시키는 나라가 아니에요.

그래서인지 우리나라에도 난민이 있다는 사실조차 모르는 사람도 많아요. 또, 난민 문제는 우리와 상관없다고 여기는 분위기였어요. 그런데 2018년부터 제법 많은 사람이 난민 문제에 관심을 가지기 시작했어요.

왜 2018년일까요? 이때, 무슨 일이 있었던 걸까요?

2018년 6월, 예멘 난민 561명이 제주도로 입국했어요. 당시 제주도

는 '무비자 정책'을 펼치고 있었어요. 무비자 정책은 외국인이 한국 비자를 받지 않아도 들어올 수 있도록 하는 거예요. 관광객을 많이 받기 위해서였어요. 예멘 난민들도 이 사실을 알고 있었어요. 그래서 무사히 제주도로 들어올 수 있었던 거예요.

제주도에 들어온 예멘 난민 중 484명이 우리 정부에 난민 신청을 했어요. 한꺼번에 많은 사람이 난민 신청을 하자 사람들은 깜짝 놀랐죠.

'어, 우리나라에도 난민이 많이 들어올 수 있구나.'

'뉴스로만 보던 난민 이야기가 다른 나라 이야기만은 아니네.'

사람들은 어떻게 반응했을까요?

많은 사람이 난민을 받으면 안 된다고 했어요. 반면, 우리나라에 온 난민을 받아야 한다는 사람들도 있었어요.

당연히 모든 사람이 똑같은 목소리를 낼 순 없어요. 상황에 따라 반대가 있으면 찬성이 있고, 찬성이 있으면 반대가 있기 마련이에요. 그리고 이런 과정을 겪으며 더 좋은 방법을 찾아 나가기도 하는 거예요.

그럼 우리는 더 좋은 방법을 찾아냈을까요?

당시 단 두 명만이 난민으로 인정받았어요. 다른 사람들은 인도적 체류 허가만 받았을 뿐이에요.

우리나라는 난민 인정률이 매우 낮아요. 1994년에서 2023년까지 평균 난민 인정률은 2.8%에 불과해요. 그러니까 우리나라는 난민에게 열려 있는 나라는 아니에요.

예멘에서 생긴 일

예멘은 아라비아반도 남쪽에 있는 나라예요. 대부분이 이슬람교를 믿고 있으며, 아랍어를 사용해요. 그런데 2015년 예멘에서 내전이 발생했어요. 전쟁은 지금까지(2023년 4월 기준)도 이어지고 있어요. 이 전쟁으로 약 37만 명이 숨졌어요.

12 난민 인정 신청이 뭔가요?

'난민은 난민이지. 난민 인정 신청을 해야 한다는 게 무슨 말이야?'

철수는 '난민'과 '난민 인정 신청자'로 구분하는 게 이상해 보였어요. 그래서 이에 대해 알아보았어요.

* 난민 인정 신청자 : 비호국에 자신이 난민임을 인정해 달라고 요구하는 사람.
* 난민 : 비호국에서 난민 지위를 인정받은 사람.

"아! 난민 인정 신청자는 아직 난민으로 인정받지 못한 거구나. 그런데 어째서 신청을 해야 하는 거지? 누가 봐도 난민인데."

철수는 또 궁금해졌어요. 난민은 어째서 난민 인정 신청을 해야 하는 걸까요?

비호국은 난민을 보호하고 지원할 의무가 있어요. 그전에 진짜 난민인지를 확인하려는 거예요. 난민은 자신이 난민임을 증명해야 해요. 그러지 못하면, 난민으로 인정받지 못해요. 이 과정은 매우 어렵고 힘들어요.

예멘 난민을 예로 들어 보아요.

예멘 난민 A 씨는 예멘을 탈출해 우리나라로 왔어요. 이때, 우리나라는 비호국이 되어요. 만약 독일로 갔다면, 비호국은 독일이 되었을 거예요.

그 사람은 우리 정부에 '난민 인정 신청'을 했어요. 난민 인정 신청은 난민 신청서, 여권, 외국인 등록증과 같은 서류를 내는 것으로 이루어져요. 그럼 우리 정부는 난민으로 인정할지, 말지를 판단

해요. 그동안 A 씨는 '난민 인정 신청자'로 있게 되는 거예요.

 A 씨는 난민 인정 신청의 결과가 나오기까지 우리나라에 머물 수 있어요. 그렇다면, 얼마나 머물 수 있을까요? 6개월이에요. 그 기간만 '난민 지원 시설'에 머물 수 있어요. 그리고 최저 생계비에 한참 못 미치는 생계비를 지원받을 수도 있어요. 하지만 6개월 후에는 시설에서 나가야 해요. 생계비를 지원받지도 못해요.

 그럼 난민 신청 결과가 6개월 안에 나올까요? 우리나라에서 난민 신

청 결과는 보통 3~4년 후에나 나와요. 그럼 그동안 어떻게 지낼까요?

　A 씨는 매일 불안에 떨어야 해요. 난민 인정을 못 받으면 한국에서 쫓겨날 수 있기 때문이에요. 그런데 어디로 갈 수 있을까요? 고국인 예멘은 전쟁 중인걸요. 또, 낯선 한국 땅에서 일자리를 구하는 것도 어려워요.

　3년 후, 난민 신청 결과가 나왔어요. 그런데 안타깝게도 난민 인정을 받지 못했어요. 돌아갈 곳이 없는 예멘 난민은 이제 어떻게 해야 하나요?

우리나라의 난민 지원

우리나라는 난민으로 인정된 이들에게 여러 지원을 하고 있어요. 어떤 지원이 있는지 살펴보아요.

* 난민은 대한민국 국민과 같은 수준의 사회 보장을 받아요.
* 난민은 본인의 신청에 따라 기초 생활을 보장받아요.
* 난민의 자녀는 초등 교육과 중등 교육을 받아요.
* 한국어 교육 및 사회 적응 교육을 지원해요.
* 난민이 직업 훈련을 받을 수 있도록 지원해요.
* 난민의 배우자나 미성년자인 자녀가 입국을 신청한 경우, 입국 허가를 받을 수 있어요.

13 난민 인정을 받지 못하면, 무조건 추방되나요?

예멘 난민은 전쟁을 피해 한국까지 온 거예요. 그런 사람을 전쟁 중인 자기 나라로 돌려보내는 게 맞을까요?

난민임을 인정받지 못한 사람은 '인도적 체류 허가'를 받을 수 있어요. 인도적 체류 허가는 '너의 난민 지위를 인정하지 않을 거야. 하지만 네 나라로 돌아가면 죽거나 다칠 수도 있을 것 같아. 네가 위험해질 수 있다는 것을 인정할게. 그러니까 지금 당장 추방하지는 않을 거야. 우리나라에 머물러도 좋아.' 같은 뜻이에요.

인도적 체류 허가 기간은 1년이에요. 이 기간이 끝나면 1년 더 연장할 수 있어요. '인도적 체류 허가'는 우리나라에만 있는 제도가 아

니에요. '난민 협약(난민의 지위에 관한 협약)'의 조항이에요. 난민 협약은 1951년 유엔 총회가 체결한 협약이에요. 난민의 인권을 보호하기 위해 만들어졌어요. 우리나라도 이 협약에 가입되어 있어요. 난민 협약엔 또 어떤 내용이 있을까요?

* 비호국은 난민을 함부로 추방할 수 없다.
* 비호국은 모든 난민을 차별 없이 보호해야 한다.
* 비호국은 난민의 권리와 복지를 보호한다.

난민 협약에 가입된 나라들은 협약을 잘 지킬까요?

그렇진 않아요. 난민 협약은 강제성이 없어요. 그래서 난민을 추방하는 나라들도 많아요. 대표적인 예로 헝가리를 들 수 있어요. 헝가리는 유럽에 있는 나라예요. 헝가리 정부는 난민 신청을 아예 받지 않아요. 또, 난민이 들어오면 수용소에 가두거나 바로 추방해 버렸어요. 이 때문에 유럽 사회의 비판을 받기도 했어요. 또, 대부분의 나라에서 난민을 차별하고 있어요. 난민의 권리나 복지를 지켜 주지 않아요. 우리나라도 그런 나라 중 하나라고 할 수 있어요.

우리나라 난민 신청 등 현황 (단위: 건)

구분	2018년	2019년	2020년	2021년	2022년
난민 신청	16,173	15,452	6,634	2,341	11,539
난민 인정	144	79	69	72	175
인도적 체류 허가	507	230	154	45	67

출처: 법무부

3
난민들은 어떻게 사나요?

14 유엔 난민 기구는 무슨 일을 하나요?

'매년 강제로 집을 빼앗기는 사람들이 있어요. 10년 전보다 두 배 이상 늘었다고 해요.'
'난민 대다수는 가난한 이웃 나라에 가 있어요.'

위와 같은 정보를 우리는 어떻게 아는 걸까요? 난민 관련 정보는 유엔 난민 기구에서 매년 발행하는 '난민 보고서'를 통해 알 수 있어요. 이번 해엔 난민이 얼마나 늘었는지, 난민이 어디에 가 있는지, 난민의 삶이 어떠한지 등을 조사해 밝혀 둔 보고서예요. 난민 문제를 해결하기 위해선 난민의 현실을 파악하는 게 먼저니까요.

또, 유엔 난민 기구는 난민의 권리를 지키고 난민을 보호하기 위해 여러 방면에서 노력해요. 대표적인 예로 긴급 구호를 들 수 있어요. 긴급 구호는 난민에게 당장 필요한 음식, 식수, 머물 곳 등을 지원하는 활동이에요. 이외에도 보건 의료 지원, 난민 등록 지원, 교육, 법률 상담 등을 지원하고 있어요.

그런데 유엔 난민 기구는 언제부터 이런 일을 하게 된 걸까요?

1939년 세계 2차 대전이 터졌어요. 이 전쟁은 1945년에야 끝났어요. 인류 역사상 가장 참혹했던 전쟁으로 기록되었죠. 6년이나 진행된 전쟁으로 수많은 사람이 죽거나 다쳤고, 난민이 되었어요.

당시 난민은 그 어디에서도 제대로 된 지원을 받지 못했어요. 길에서 자거나 음식이 없어 굶는 사람도 많았어요. 병에 걸려도 치료를 받지 못했어요. 전쟁이 끝난 후에도 난민의 삶은 여전히 전쟁 같았어요.

유엔은 난민 문제가 매우 심각하다고 판단했어요. 또, 난민 문제는 세계 모든 나라가 힘을 합쳐 해결해야 한다고 생각했어요. 그러자면 중심을 잡아 주는 기구가 필요했어요. 이를 위해 유엔(UN)은 1949년

'유엔 난민 기구'를 만들었어요. 그러니까 유엔 난민 기구는 전 세계 난민의 복지와 권리를 보호하기 위해 만들어진 국제기구예요.

2020년 기준 유엔 난민 기구의 회원국은 130개국이에요. 우리나라도 2000년에 가입해 유엔 난민 기구의 회원국이에요. 유엔 난민 회원국은 난민 협약에 따라 난민을 보호할 의무가 있어요.

유엔(UN)의 탄생

유엔은 국제 연합 기구예요. 세계 평화와 안전을 위해 1945년 설립되었지요. 우리나라는 1991년에 유엔에 가입했어요.

15 난민을 돕는 사람들은 누구인가요?

매년 6월 20일은 '세계 난민의 날'이에요. 이날만큼은 세계가 난민 문제를 함께 생각해 보자는 의미에서 만들어졌어요. 또, 난민을 지원하는 단체의 활동을 알리는 날이기도 해요.

그렇다면, 유엔 난민 기구 외에 난민을 지원하는 단체로 어떤 것이 있을까요?

'국경 없는 의사회', '난민 인권센터', '공감' 등이 있어요. '국경 없는 의사회'는 국제 인도주의 의료 단체예요. 이들은 의료 지원 부족으로 고통을 겪는 곳, 무력 분쟁으로 의료 지원이 힘든 곳, 전염병으로 고통을 받는 곳, 자연재해로 의료 지원이 필요한 곳 등을 찾아다니며 무료로 구호 활동을 펼쳐요. 이들이 구호 활동을 펼치는 대상엔 난민도 있어요. 특히 난민이 많이 모여 사는 난민촌에서 의료 지원 활동을 하고 있어요.

'난민 인권센터'는 난민의 권리를 위해 활동하는 단체예요. 난민의 이야기에 귀 기울이고, 난민에게 필요한 것이 무엇인지를 찾아요. 또, 난민에 대한 사회적 편견을 깨트리기 위해 노력해요.

'공감'은 '공익 변호사 단체'예요. 공감은 난민에게 무료로 법률 상담과 소송을 지원해 줘요. 예를 들어 볼게요. 한 난민이 공장에서 3개월 동안 열심히 일했어요. 그런데 사장이 월급을 주지 않았어요. 한국의 법을 모르는 난민이니까 월급을 주지 않아도 괜찮다고 생각한 거예요. 이때, 공감에서 무료로 법률 상담을 받을 수 있어요. 또, 월급을 달라는 소송을 할 경우엔 지원도 받을 수 있어요.

세계의 난민 관련 협약

난민 관련 협약으로 더블린 조약이 있어요. 더블린 조약은 유럽에 간 난민에 관한 규정이에요. 조약에 따르면, 유럽에 들어간 난민은 처음 간 나라에서 난민 신청을 하게 되어 있어요. 이를테면, 프랑스에 처음 발을 디뎠다면, 프랑스에서 난민 신청을 해야 해요. 만약 프랑스에서 이탈리아로 가 다시 난민 신청을 하면, 이탈리아는 그를 프랑스로 돌려보내요. 또, 14세 이상의 난민은 지문을 등록해야 해요. 더블린 조약에 따라 체계적으로 난민을 관리하기 위해서예요. 하지만 이 조약은 난민들의 의사를 무시한다는 비판을 받고 있어요.

이처럼 난민을 지원하는 단체는 의료, 인권, 법률 등 다양한 분야에 걸쳐 있어요. 이 외에도 '피난처', '아주나무', '호모인테르', '글로벌드림 다문화연구소', '바보들꽃' 등의 단체가 난민을 지원하고 있어요.

16 난민은 어디에서 사나요?

난민촌은 난민들이 모여 사는 마을이에요. 세계 난민의 약 60%는 난민촌에서 살고 있어요. 현재 규모가 가장 큰 난민촌은 방글라데시의 로힝야족 난민촌이에요. 이곳엔 약 100만 명이 살아요. 그다음으로 규모가 큰 난민촌은 우간다의 '비디비디 난민촌'이에요. 이곳엔 약 28만 명이 살아요. 이 외에도 레바논의 '팔레스타인 난민촌', 케냐의 '다다브 난민촌' 등이 있어요.

이처럼 규모가 큰 난민촌은 대부분 개발 도상국이나 빈민국에 있

어요. 이 때문에 제대로 된 지원을 받지 못하는 경우가 많아요. 난민촌 난민의 생활 수준은 매우 열악한데, 일단 주거 환경이 좋지 않아요.

난민촌의 집은 빨리 짓고, 빨리 허물 수 있는 텐트인 경우가 많아요. 텐트는 비호국이나 유엔 난민 기구에서 지원해요. 그런데 텐트조차 지원받지 못한 난민들도 있어요. 이들은 어디에서 살까요? 근처에서 쉽게 구할 수 있는 나무, 흙, 돌 등을 이용해 겨우 비바람을 피할 수 있는 집을 지어요.

난민촌 대부분은 전기나 수도가 깔려 있지 않아요. 밤엔 불을 켤 수 없고, 전자 제품을 사용하기 힘들어요. 추위와 더위에 시달려야 해요. 또, 물은 항상 부족해요. 샤워는커녕 세숫물조차 구할 수 없어요. 무엇보다 깨끗한 식수가 없어 오염된 물을 마시기도 해요. 식

량 부족으로 굶주림에 시달리기도 해요.

　난민촌엔 병원이나 약국이 없어요. 그래서 국경 없는 의사회, 적십자사 등이 텐트로 간이 병원을 만들고, 그곳에서 의사들이 아픈 사람들을 진료해요. 그걸 '텐트 병원'이라고 해요. 텐트 병원엔 제대로 된 의료 기기가 없어요. 감기, 배탈 등 가벼운 병만 치료할 뿐, 수술이 필요한 환자들은 거의 치료하지 못하고 있어요.

　코로나19 바이러스가 전 세계에 들이닥쳤을 때, 가장 큰 타격을 받은 곳도 난민촌이었어요. 난민촌은 위생 시설이 좋지 않은 데다 수많은 사람이 따닥따닥 붙어서 살아요. 게다가 마스크나 백신은 난민촌에선 구할 수 없는 것들이었어요. 바이러스가 빨리 퍼질 수밖에 없었어요.

17 난민촌에도 학교가 있나요?

우간다 비디비디 난민촌엔 이웃 국가인 남수단에서 넘어간 사람들이 많아요. 이들은 전쟁, 폭력, 살인 등을 피해 넘어갔어요. 이 때문에 우간다 비디비디 난민촌엔 28만 명이나 되는 사람들이 살게 되었어요. 그런데 이들 중 68%가 18세 미만의 아동이에요. 국경을 넘다가 보호자를 잃거나 아예 처음부터 혼자 국경을 넘은 아이들이에요.

그런데 비디비디 난민촌엔 학교가 있을까요?

우리가 지금 다니는 학교 같은 곳은 없어요. 하지만 유엔을 비롯해 각종 인권 단체에서 어린이들이 공부할 수 있는 시설을 몇 개 만들어두긴 했어요. 또, 청년들의 취업을 돕기 위한 기술 훈련을 하기도 해요. 하지만 난민의 수에 비해선 턱없이 부족해요. 비디비디 난민촌 아이들이 제대로 된 교육을 받으려면 초등학교 교실 304개, 초중등교사 5300여 명이 필요하다고 해요. 다른 난민촌도 이와 비슷한 상황이에요. 난민촌 대부분은 학교가 부족하거나 아예 없어요.

그럼 우리나라에 있는 아동 난민은 어떨까요?

    우리나라의 모든 사람은 중학교까지 의무 교육을 받게 되어 있어요. 여기에는 당연히 난민 아동도 포함되어 있어요. 난민 인정자, 난민 신청자, 인도적 체류자 모두 의무 교육 대상이에요.

    유럽에도 난민 아동이 의무 교육을 받을 수 있도록 지원해 주는 국가가 많아요. 그런데 대부분 난민은 선진국이 아니라 개발 도상국이나 빈민국에 가 있어요. 이들 국가에서는 교육 기회를 얻지 못하는 경우가 많아요. 하지만 난민 아이들이 학교에 갈 수 있도록 노력하는 일이 점차 늘고 있어요. 한 예로, 방글라데시 정부는 2020년부터 로힝야족 난민촌 아이들 1만 명을 학교에 보내기로 했어요. 로힝야족 난민촌엔 4만여 명의 아이들이 있어요. 나머지 3만 명의 아이들은 여전히 학교에 가지 못해요. 그래도 이렇게 한 걸음씩 가다 보면, 더 많은 아이가 학교에 갈 수 있을 거예요.

유엔 아동 권리 협약

유엔은 1989년엔 아동 권리 협약을 맺었어요. 주요 내용은 다음과 같아요.
* 무력 분쟁으로부터 아동을 보호해요.
* 학대, 차별, 폭력으로부터 아동을 보호해요.
* 모든 아동은 교육받을 권리가 있어요.

아동 협약은 아동의 권리를 지키기 위해 만들어졌어요. 세상 모든 아이는 안전하고 건강하게 자랄 권리가 있어요. 또, 차별받지 않고, 존중받을 권리도 있어요. 아이들이 행복하게 살 수 있는 세상을 만드는 것, 그것이 어른들이 해야 할 일이에요. 그래서 세계 많은 나라가 아동 협약을 맺기까지 한 거예요.

그런데 이런 협약이 잘 지켜지고 있을까요? 안타깝게도 그렇지 않아요. 매우 많은 아이가 보호를 받지 못하고 있고, 전쟁, 폭력, 빈곤 등 위험한 상황에 놓여 있어요. 또, 학교에 가는 대신 일을 하는 아이들도 많아요. 국제 노동 기구에 따르면 전 세계 약 2억 2900만 명이나 되는 아이들이 고된 노동에 시달리고 있다고 해요.

18 왜 불법 체류자가 되나요?

난민이 아니어도 불법 체류자가 된 사람이 많아요. 다른 나라에 머물기 위해선 그 나라의 허락이 필요해요. 이를 증명하는 게 바로 비자예요.

비자엔 여행 비자, 취업 비자, 유학 비자, 결혼 비자, 이민 비자 등이 있어요. 어떤 비자를 받는지에 따라 외국인이 그 나라에 머물 수 있는 기간도 달라져요. 우리나라에 온 미국인 K 씨를 예로 들어 볼게요. K 씨는 난민이 아니에요. 우리나라에 올 때 단기 취업 비자를 발급받았어요. 이는 우리나라에서 90일 동안 머물 수 있는 비자예요. 그런데 90일이 지난 뒤에도 우리나라를 떠나지 않는다면 이때부터 불법 체류자가 되는 거예요.

우리나라 사람도 다른 나라에서 불법 체류자가 되곤 해요. 특히 미국 내 한국인 불법 체류자가 많아요. 한국인 약 16만 명(2021년 기준)이 미국 내 불법 체류자로 있다는 통계도 있어요.

이처럼 난민이 아니어도 불법 체류자가 될 수 있어요. 다만 난민은 일반인보다 불법 체류자가 될 확률이 훨씬 높아요. 처음부터 비

자를 발급받지 못한 경우가 많기 때문이에요.

  불법 체류자는 체류국에서 법의 보호를 받지 못해요. 그래서 어떤 사람들은 불법 체류자에게 일을 시키고 당연히 줘야 하는 임금을 주지 않기도 해요. 혹은 원래 줘야 하는 돈보다 훨씬 적게 주기도 해요. 불법 체류자는 억울한 일을 당해도 경찰에 신고하지 못한다는 것을 알고 있기 때문이에요. 또, 불법 체류자는 사고를 당하거나 몸이 아파도 병원 치료를 받기 힘들어요. 우리나라에 있는 외국인 불법 체류자뿐 아니라 다른 나라에 가 있는 한국인 불법 체류자 모두 겪고 있는 일들이에요.

19 북한을 떠나온 사람도 난민인가요?

 탈북민도 난민이에요. 단, 다른 나라에서만 그래요. 우리나라에서 탈북민은 난민이 아니에요. 북한에 있는 우리 주민이 남한으로 탈출한 것으로 보기 때문이에요.

 남한과 북한은 원래 한 나라로 같은 역사, 같은 문화를 가지고 있어요. 또, 세계에서 한국어를 쓰는 나라도 남한과 북한뿐이에요. 서로 비난하거나 싸우고 있지만, 우리는 같은 민족이라고 생각해요. 그래서 우리나라에 온 탈북민은 따로 난민 신청을 할 필요가 없어요. 자연스럽게 한국 국적을 가지게 돼요.

 매년 우리나라에 들어오는 탈북민은 1000명에서 2000명이에요. 북에서 온 우리 주민을 매년 1000명 이상 받는 거예요. 하지만 유엔은 이들을 난민으로 파악해요. 이 때문에 우리나라는 난민을 잘 받는 나라에 속하게 되었어요.

 또, 난민에 대한 지원도 상당히 좋은 편으로 인정받아요. 그 이유도 탈북민에 대한 지원 때문이에요. 우리 정부는 탈북민에게 정착금, 주거 지원금, 고용 지원금, 사회 복지, 교육 지원금 등을 지원해

줘요. 다른 국적의 난민에겐 하지 않는 지원이에요.

그렇다고 탈북민 모두 남한에서 잘 적응해 사는 건 아니에요. 오히려 힘든 삶을 사는 사람들이 더 많아요. 일자리를 구하지 못해 경제적 어려움을 겪기도 하고, 차별과 편견에 부딪혀 마음에 상처를 입기도 해요.

우리 사회는 다양한 사람들이 어울려 사는 곳이에요. 처음부터 한국에서 태어나 사는 사람도 있고, 북한에서 탈출해 남한으로 온 사람도 있어요. 또, 우리나라로 공부하러 왔거나 일하러 온 외국인도 있고, 목숨을 걸고 우리나라로 도망쳐 온 난민도 있어요. 우리 모두 각자 처한 상황이 다를 뿐이에요. 하지만 안전하고 평화롭게 살고 싶은 마음은 다 똑같아요.

20 난민 생활의 장애물은 무엇인가요?

'다른 나라에서 살아 볼까? 프랑스는 어떨까?'

철수는 문득 이런 생각을 했어요. 태어난 나라에서 죽을 때까지 살아야 하는 법은 없으니까요. 실제로 자기가 좋아하는 나라에 가서 사는 사람도 많아요. 또, 공부, 취업, 결혼 등의 이유로 다른 나라에 가기도 하고요. 철수도 그러고 싶었어요. 그런데 막상 프랑스에 가려니 여러 가지 문제가 걸렸어요.

가장 걱정되는 건 의사소통이에요. 철수는 프랑스어를 아예 몰라요. 프랑스에서 지내다 보면 천천히 익힐 수도 있겠죠. 하지만 그 전엔 마트에서 우유 하나 사는 것도 어려울 거예요. 그런데 진짜 큰 문제는 따로 있어요.

'뭘 해서 먹고살지?'

철수는 프랑스에 아는 사람이 한 명도 없어요. 말도 안 통하니 일자리를 어떻게 찾아야 하는지 알지 못해요. 설혹 안다고 해도 프랑스인 사장은 철수를 고용하지 않으려 할 거예요. 자국민에게 일을 시키는 게 더 편할 테니까요. 그렇다면 일자리를 구하지 못한 철수

의사 소통의 어려움

의료·복지의 어려움

경제 활동의 어려움

교육
문제

차별과 편견

추방 위험

는 앞으로 어떻게 먹고살 수 있을까요?

　돈을 벌지 못하니 집을 구하기도 힘들고, 매일 먹고사는 게 걱정일 거예요. 만약 철수에게 자녀가 있다면, 상황은 더 힘들 거예요. 아이들을 안전하게 보살필 수 없고, 학교에 보낼 수도 없으니까요.

　심지어 철수는 교통사고로 다쳐도 병원에 갈 수 없을 거예요. 병원비가 매우 비싸기 때문이에요. 외국인인 철수는 의료 보험도 없고, 그 나라의 복지 혜택도 받지 못해요. 그래서 철수는 매일매일 자신과 가족이 아프거나 다치지 않기를 바랄 수밖에 없을 거예요. 철수가 외국에서 겪을 이 일들은 난민이 비호국에서 겪는 일들이에요.

　난민 대부분은 체류국에서 의사소통에 어려움을 겪어요. 제대로 된 일을 구할 수 없어 경제적 어려움에 시달리고, 아프거나 다쳐도 병원에서 치료받지 못해요. 난민 아이들은 사회의 보호를 받지 못하고, 학교에 가지 못하는 경우가 많아요. 그러니까 난민은 의사소통, 경제 활동, 의료, 복지, 교육 등에서 어려움에 시달리고 있어요. 하지만 철수는 이들과 상황이 달라요.

　철수는 외국에서의 삶이 힘들면 한국으로 돌아오는 방법을 선택할 수 있어요. 또, 외국에서 위기에 처하면, 한국 정부에 도움을 요청할 수도 있어요. 반면, 난민은 돌아갈 수 있는 나라가 없어요. 이들을 보호하고 도와줄 정부도 없어요. 난민이라는 꼬리표, 차별과 편견은 난민들의 마음을 매우 힘들게 해요. 게다가 비호국에서 추방

당할 위험까지 있어요. 이 때문에 난민은 매일매일 살얼음판 위를 걷는 듯이 살아요.

> 난민 대부분은 체류국에서 의사소통에 어려움을 겪어요. 제대로 된 일을 구할 수 없어 경제적 어려움에 시달리고, 아프거나 다쳐도 병원에서 치료받지 못해요.

4
지구촌의 난민들

21 시리아는 왜 세계 최대 난민국이 되었나요?

시리아는 선거로 대통령을 뽑는 나라예요. 대통령의 임기는 7년이에요. 그런데 하페즈 알아사드는 대통령직에서 물러나고 싶지 않았어요. 그래서 30년 동안이나 독재 정치를 펼쳤어요. 그가 죽은 후엔 그의 아들이 대통령이 되었어요. 2대에 걸쳐 독재 정치가 이어진 거죠.

한편, 2010년 이웃 나라 튀니지에서 독재자를 쫓아내는 혁명이 일어났어요. 이를 본 시리아 사람들은 '우리도 독재자를 쫓아내자'고 용기를 냈어요. 그래서 많은 시민이 독재 정부를 비판하며, 투쟁했어요.

시리아의 독재 정부는 가만히 있지 않았어요. 정부에 반대하는 시민들을 붙잡아 감옥에 보내거나 죽였어요. 또, 시위하는 시민들을 향해 총을 쏘기까지 했죠. 이러한 상황이 펼쳐지자 정부군과 싸우는 반군이 생겼어요. 2011년 시리아는 정부군과 반군의 싸움터로 변하고 말았어요.

정부군과 반군의 싸움은 내전이에요. 내전은 나라 안에서 싸우

는 것을 말해요. 그런데 이 싸움에 미국, 러시아, 영국, 프랑스, 이스라엘, 튀르키예 등 다른 나라까지 뛰어들어요. 이들의 개입으로 내전은 국제전으로 변해 버렸어요.

전쟁은 복잡해졌고, 그 규모도 훨씬 커졌어요. 이젠 어디서 어떻게 해결해야 할지 모를 정도로 혼란스러워졌어요. 이 과정에서 시리아는 오늘날 세계에서 가장 많은 난민을 발생시키는 나라가 되어 버렸어요.

22 베네수엘라에 난민이 생긴 이유는 무엇인가요?

세계에서 석유 매장량이 가장 많은 국가는 어디일까요? 베네수엘라예요. 베네수엘라는 남미 대륙 북부에 있는 나라예요. 이 나라는 석유를 팔아 많은 돈을 벌 수 있었어요. 한때는 전체 수출의 97%가 석유였을 정도예요. 그런데 석유를 너무 믿은 나머지 다른 산업을 전혀 발전시키지 않았어요. 석유 가격이 오르면 돈을 많이 벌었고, 석유 가격이 내리면 돈을 많이 벌지 못했어요.

2013년까지 전 세계적으로 석유 가격은 계속 오르기만 했어요. 베네수엘라는 많은 돈을 벌 수 있었어요. 이 때문에 남미 대륙에서도 가장 부유한 나라 중 하나가 되었어요. 그런데 석유 가격이 내려가는 일이 발생했어요. 셰일가스의 등장 때문이에요.

셰일가스는 석유 대신 쓸 수 있는 에너지예요. 이 에너지는 1800년대에 발견되었어요. 하지만 그동안 쓰지 못했어요. 지하 깊숙이 있는 데다 암석의 미세한 틈새에 넓게 퍼져 있었기 때문이에요. 셰일가스를 캐내려면 매우 까다로운 기술이 필요했어요. 그런데 미국에서 발굴법을 개발했어요. 그 덕분에 셰일가스를 쓸 수 있게 되니 석유 가

격이 내려가 버렸죠.

이 때문에 베네수엘라는 경제적으로 큰 타격을 입었어요. 게다가 베네수엘라의 정치인들은 부정부패가 심했어요. 국가 경제는 위기에 빠졌고, 정치는 혼란스러웠어요. 물가가 치솟고, 식량을 구하기 어려워졌어요. 중산층이었던 사람들도 거리의 쓰레기통을 뒤져야 했어요. 가난과 굶주림을 견디지 못한 사람들은 결국 국경을 넘어 난민이 되었어요.

베네수엘라 출신 난민은 시리아 다음으로 많아요. 이들은 주로 이웃 나라인 콜롬비아로 갔어요. 그런데 콜롬비아 역시 정치적, 경제적으로 안정된 나라가 아니에요. 그래서 콜롬비아에 있는 베네수엘라 난민은 위험한 상황에 빠지는 경우도 많아요. 특히 아이들과 노인, 여자들은 어떤 보호도 받지 못하고 있어요.

23 아프가니스탄 사람들이 탈출하려는 이유는 무엇인가요?

아프가니스탄은 아시아 중남부 지역에 있는 나라예요. 국민 대부분은 이슬람교를 믿고 있어요. 그런데 이 나라는 강대국과의 전쟁으로 오랫동안 고통받아 왔어요.

1979년에는 소련(지금의 러시아)이 아프가니스탄을 침공했어요. 소련은 아프가니스탄에 친소련 정권을 세우고자 했어요. 전쟁은 9년 넘게 펼쳐졌어요. 당시 약 500만 명이 난민이 되었어요.

2001년 말엔 미국이 아프가니스탄을 공격했어요. 그 배경엔 9·11 테러가 있어요.

9·11 테러는 2001년 9월 11일 한 테러 단체가 납치한 비행기 두 대로 세계 무역 센터를 공격한 사건을 말해요. 세계 무역 센터는 110층짜리 쌍둥이 건물로 유명했어요. 비행기 두 대가 이 건물로 돌진하는 바람에 건물 전체가 무너졌고, 주변 건물들도 파괴되었어요. 이로 인해 3000명 가까운 사람이 죽었어요. 이 사건은 미국뿐 아니라 전 세계를 깜짝 놀라게 했어요. 테러로 이처럼 많이 사람이 죽거나 다친 건 처음 있는 일이었어요.

그런데 '9·11 테러'가 '미국의 아프가니스탄 침공'과 무슨 관계가 있는 걸까요?

미국 정부는 9·11 테러의 주범으로 알카에다 지도자 '오사마 빈 라덴'을 지목했어요. 미국 정부는 그가 아프가니스탄에 있다고 생각했어요. 그래서 아프가니스탄의 탈레반 정부에 오사마 빈 라덴을 넘

이슬람 근본주의와 탈레반

탈레반은 아프가니스탄에 근거지를 둔 이슬람 근본주의 집단이에요. '탈레반'은 '학생들'이라는 뜻이에요. 1990년대에 전쟁고아들이 무장 정치 조직을 만들었고, 조직의 이름을 그렇게 정한 거죠.

탈레반은 이슬람교 공동체와 건설을 목적으로 움직인다는 명분을 내세우고 있어요. 이슬람교는 예언자 무함마드가 유일신 알라의 계시를 받아 만든 종교예요. 이슬람교의 경전인 코란에선 '유일신 앞에서 모든 사람은 평등하다'고 말하고 있어요. 하지만 탈레반은 자신들과 다른 것을 배척해요. 특히 여성의 자유를 억압하는 것으로 이름나 있어요. 이를테면, 탈레반은 여성은 교육받지 못하도록 하고, 사회 활동을 금지해요.

겨 달라고 요구했어요. 탈레반 정부는 이를 거절해요. 그러자 아프가니스탄을 공격해 버린 거죠.

그런데 오사마 빈 라덴은 정말 아프가니스탄에 있었을까요? 당시 아프카니스탄을 침공한 미군이 샅샅이 뒤졌지만 오사마 빈 라덴을 찾을 수 없었어요. 그는 10년 후 파키스탄에서 발견되었어요. 그런데도 미군은 아프가니스탄에서 물러나지 않았어요.

미국은 2001년 아프가니스탄을 침공한 후, 2021년 8월 철수할 때까지 20년 동안이나 군사를 주둔시켰어요. 아프가니스탄 무력 단체들은 미군에 대항해 싸웠어요. 이 과정에서 23만 명이 죽었고, 약 500만 명이 난민이 되었어요.

아프가니스탄은 오랜 내전과 전쟁으로 아직도 혼란스러운 상태예요. 게다가 지금은 이슬람 근본주의 집단인 탈레반 정권이 다시 들어섰고, 소득 수준 세계 최하위의 빈민국으로 수많은 사람이 굶주림에 시달리고 있어요. 이 때문에 아프가니스탄을 탈출하려는 사람이 여전히 많아요.

24 남수단 사람들은 어쩌다 난민이 되었나요?

수단은 아프리카 북동부에 있는 나라예요. 수단 북부 지역엔 이슬람교를 믿는 아랍계가 많이 살고 있었어요. 남부엔 토속 신앙을 믿는 흑인들이 많이 살고 있었어요. 그런데 영국이 19세기에 수단을 식민지로 만들어 버렸어요.

영국은 북수단과 남수단의 차이를 인정하지 않았어요. 인종, 종교, 문화 등 거의 모든 분야에서 차이가 나는데도 둘을 하나로 묶어 버렸어요. 이 과정에서 북수단과 남수단은 많은 갈등을 겪었어요.

수단은 1956년에 영국으로부터 독립하는데, 북수단의 이슬람계가 권력을 잡았어요. 이들은 남수단 주민들을 차별하고 탄압했어요. 또, 토속 신앙을 믿는 남수단 주민들에게 이슬람교로 개종하라고 강요하기도 했어요. 남수단 주민들은 이에 반발하고 저항했어요. 결국, 내전이 발생하고 말아요. 이 전쟁으로 약 250만 명 이상이 목숨을 잃었어요. 또, 약 500만 명이 난민이 되었어요.

남수단은 2011년 수단으로부터 독립해요. 아프리카의 54번째 국가가 된 거죠. 하지만 수단(북수단)과의 전쟁은 끝나지 않았어요. 수단

은 2012년에는 남수단에 미사일 공격을 하기도 했어요.

남수단은 천연자원도 풍부하고, 석유도 나오는 산유국이에요. 하지만 오랜 내전으로 경제적인 어려움을 겪고 있어요. 자원을 개발할 산업 기반이 거의 파괴되었기 때문이에요.

남수단 난민은 주로 이웃 나라인 우간다에 가 있어요. 우간다가 남수단 난민들에게 살 수 있는 땅을 제공해 세계에서도 매우 규모가 큰 '비디비디 난민촌'이 만들어졌어요. 또, 난민들은 자유롭게 일을 구할 수도 있고, 아이들은 교육을 받을 수 있도록 했어요. 문제는 우간다는 매우 가난한 나라로 모든 난민을 지원할 여력이 없다는 거예요. 하지만 그들의 열린 정책은 유엔 난민 기구나 난민을 돕는 여러 단체가 활발하게 활동할 수 있게 해 줘요.

25 미얀마 정부는 왜 로힝야족을 쫓아냈나요?

미얀마는 다민족 국가로 약 135개의 민족으로 구성되어 있어요. 주류를 이루는 민족은 버마족이에요. 이들은 인구의 70%를 차지해요. 로힝야족은 미얀마의 서쪽 라카인 지역에 사는 소수 민족이에요.

로힝야족은 처음부터 미얀마에 살았던 것은 아니에요. 원래는 미얀마 이웃 국가인 방글라데시에서 살고 있었어요. 그런데 19세기 말에 영국이 로힝야족을 미얀마로 이주시켜 버렸어요.

당시 영국은 미얀마를 식민지로 삼고 있었어요. 미얀마인들은 이에 대항했어요. 미얀마의 독립을 위해 영국 식민지 정부를 상대로 싸웠어요. 영국은 이를 해결하는 방법으로 방글라데시에서 사는 로힝야족을 미얀마로 이주시킨 거예요. 로힝야족에게 무기를 주고 자기들을 대신해 버마족과 싸우도록 한 거예요. 이후로 수년 동안 버마족과 로힝야족은 서로 죽고 죽이는 일을 반복했어요. 버마족의 진짜 적은 영국이었지만, 어느 사이엔가 로힝야족으로 변해 있었죠.

미얀마는 1948년에 영국으로부터 독립해요. 영국은 미얀마에서 물러났지만, 로힝야족은 여전히 미얀마에 남아 있어요. 정권을 잡은

버마족에게 로힝야족은 눈엣가시였어요. 영국 식민지 시절, 서로 너무 많이 싸웠으니까요. 게다가 두 민족은 종교도 달랐어요. 미얀마는 국민의 90%가 불교를 믿고 있어요. 반면, 로힝야족은 이슬람교를 믿어요. 역사와 종교를 배경으로 한 갈등은 나날이 커져만 갔어요.

1982년, 미얀마 군정은 로힝야족을 불법 이민자로 못 박아 버렸어요. 미얀마의 국민으로 인정하지 않은 거예요. 이 때문에 로힝야족 약 110만 명은 국적이 없는 '무국적자'가 되어 버렸어요. 그런 한편, 미얀마 군부의 로힝야족에 대한 탄압과 차별은 더 극심해졌어요. 로힝야족들은 끌려가서 강제 노동을 하거나 죽임을 당하기도 했어요. 당시 로힝야족 약 20만 명은 탄압과 차별을 피해 이웃 국가인 방글라데시로 피난을 가서 난민이 되었어요.

　이후로도 버마족의 차별과 탄압을 피해 수많은 로힝야족이 방글라데시로 피난 가야 했어요. 2016년부터 2019년까지 미얀마를 떠난 로힝야족은 거의 74만 명에 이르고 있어요.

유럽의 제국주의와 식민지

18세기 유럽 제국주의 국가들은 다른 대륙의 나라를 침략해 식민지로 만들었어요. 그 나라의 땅과 자원을 빼앗고, 사람들을 노예로 만들기도 했어요. 특히 영국은 다른 나라를 가장 많이 침략한 나라예요. 아시아, 아메리카, 아프리카 등 거의 모든 대륙에서 40여 개가 넘는 나라를 식민지로 만들었어요. 영국처럼 다른 나라를 침략해 식민지로 만든 대표적인 나라로 프랑스, 스페인 등이 있어요.

26 방글라데시에는 왜 세계 최대의 난민촌이 있나요?

방글라데시는 매우 가난한 나라예요. 미얀마에서 들어온 로힝야족 난민을 지원할 여유가 없어요. 그래서 로힝야족을 다시 미얀마로 돌려보내고 싶어 했어요. 하지만 난민 협약 때문에 그럴 수는 없었죠. 대신 로힝야족이 살 땅을 제공했어요. 그곳에 설치할 천막은 유엔이 지원했어요. 그렇게 만들어진 것이 '로힝야족 난민촌'이에요.

로힝야족 난민촌은 세계에서 가장 규모가 커요. 이곳엔 약 96만 명이 살고 있어요. 하지만 이들은 밖으로 나갈 수 없어요. 난민촌 안에서만 있어야 해요.

방글라데시 정부는 로힝야족이 방글라데시 사회에 스며들지 못하는 정책을 펼쳤어요. 이를테면, 로힝야족이 도시나 마을로 나가 일하는 걸 금지했어요. 또, 방글라데시 언어인 벵골어를 배우지 못하도록 했어요. 로힝야족이 벵골어를 알게 되면, 방글라데시 사회에 적응하기 쉬워지니까요.

로힝야족 난민촌의 시설은 매우 열악해요. 전기나 수도 같은 기반 시설이 없어요. 식량과 식수는 부족하고, 위생 시스템은 열악해요.

유엔 난민 기구, 국경 없는 의사회 등의 지원만으로는 한계가 있어요. 난민들이 좀 더 나은 생활을 하기 위해선 일을 해서 돈을 벌어야 해요. 그런데 방글라데시 정부에서 막고 있으니 로힝야족 난민들은 열악한 환경에서 벗어날 수가 없어요.

또, 방글라데시 정부는 2020년에 로힝야족 난민촌의 인터넷 접속도 차단했어요. 인터넷은 세상과 소통하는 도구 중 하나예요. 그런데 이를 막으니

얼마나 답답했을까요? 로힝야족의 항의로 다시 인터넷 접속은 가능해졌지만, 여전히 많은 문제가 남아 있어요.

로힝야족 난민은 감옥 아닌 감옥에서 생활하고 있어요. 그렇다고 집으로 돌아갈 수도 없어요. 로힝야족에 대한 미얀마 정부의 탄압이 계속되고 있기 때문이에요. 또, 미얀마 정부는 방글라데시에 간 로힝야족 난민이 돌아오는 것을 원치 않아요.

27 러시아-우크라이나 전쟁에서도 난민이 생겼나요?

2022년 2월 24일이었어요. 러시아는 이웃 나라인 우크라이나를 공격했어요. 뒤이어 러시아-우크라이나 전쟁이 펼쳐졌어요. 당시 세계는 러시아가 단 며칠 만에 우크라이나를 꺾고 전쟁에서 승리할 거라 예상했어요. 러시아는 세계에서 이름난 군사 강국이었기 때문이에요. 그런데 예측과 달리 전쟁은 길어졌어요. 우크라이나 정부와 국민이 온 힘을 다해 러시아의 침공을 막아 내고 있기 때문이에요.

그런데 러시아는 왜 우크라이나를 침공했을까요?

러시아는 원래 '소련(소비에트 사회주의 공화국 연방)'이라는 연방 국가였어요. 우크라이나도 그중 하나였어요. 그런데 소련이 1991년 12월 무너졌어요. 이때, 연방에 속했던 나라들이 독립했어요. 우크라이나도 그랬어요. 그런데 러시아는 지금도 우크라이나를 자기들 나라로 생각해요.

우크라이나는 이미 독립해 다른 나라지만, 그걸 인정하지 않아요. 그래서 우크라이나가 나토(북대서양조약기구)에 가입하려 하자 이를 막으려고 했어요. 그렇게 되면 러시아와 적대 관계에 있는 국가들이

러시아와 인접한 우크라이나 국경에 무기를 배치할 수도 있기 때문이죠. 또, 우크라이나는 흑해를 접하고 있어요. 러시아가 해양으로 진출하기 좋은 길목이에요. 그래서 우크라이나를 자신들의 지배권 안에 두려는 거예요.

계속되는 전쟁 탓에 수많은 우크라이나 사람들이 피난길에 올랐어요. 특히 바로 이웃한 폴란드로 모여들기 시작했어요. 전쟁이 시작되고 약 2개월 동안 폴란드로 피난 간 사람은 약 294만 명이 넘어요.

우크라이나 출신 난민이 시리아 다음으로 많다고요?

지난 수년간 난민 발생 상위 3개국은 시리아, 베네수엘라, 아프가니스탄이었어요. 하지만 우크라이나-러시아 전쟁이 터진 후엔 우크라이나가 난민 발생 상위 3개국에 들어갔어요.

난민 발생 상위 3개국	나라 이름	난민 수
	시리아	650만
	우크라이나	570만
	아프가니스탄	570만

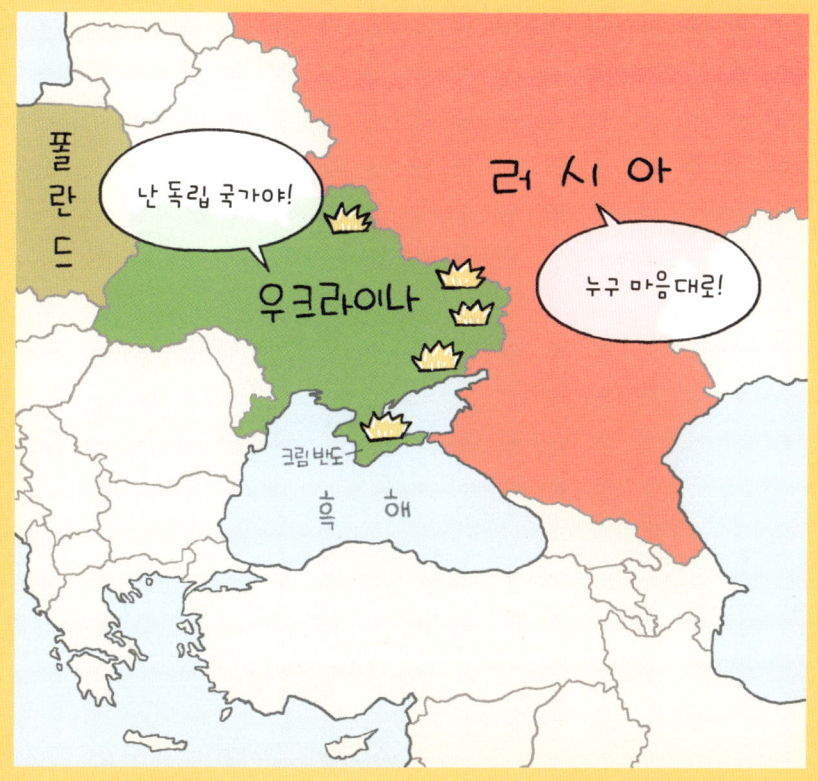

 전쟁은 사람들의 목숨을 빼앗고, 일상을 파괴해요. 그리고 수많은 사람을 난민으로 내몰아요. 그런데도 세계는 전쟁을 멈추지 않아요. 오히려 새로운 전쟁을 펼치기까지 해요. 우리는 다른 나라에서 일어난 전쟁을 막을 수는 없어요. 하지만 전쟁으로 고통받고 상처받은 사람들에게 따뜻한 손길을 내밀 수는 있어요.

5
난민은 우리의 친구

28 왜 난민을 경계하나요?

외국인인 난민은 나와 생김새도 다르고, 언어도 다르고, 문화도 달라요. 당연해요. 세계 어디에도 똑같은 나라는 없어요. 저마다 다른 역사, 문화를 가지고 있어요. 다른 나라에서 온 사람이 우리나라 사람과 같은 게 오히려 이상해요. 한국 사람들도 다 다르잖아요. 같은 반 친구들을 떠올려 보아요. 나와 똑같은 친구가 있나요? 다르기에 서로에게 배우는 것도 있고, 더 재미있게 놀기도 하는 거예요.

그런데 반 친구들과 처음부터 친하게 지낸 건 아니었을 거예요. 예를 들어 철수는 반 친구들을 처음 만났을 때 살짝 긴장했어요. 아는 친구가 한 명도 없었거든요. 누가 누군지도 모르겠고, 반 친구들이 어떤 사람인지도 알 수 없었어요. 모르니까 긴장되고, 무섭기까지 했어요.

나와 다른데, 잘 알지 못하면 자연스럽게 경계심을 가질 수도 있어요. 사람뿐 아니라 동물도 그래요. 강아지도 낯선 사람을 보면 짖기부터 하고, 고양이도 낯선 사람을 보면 털을 곤두세워요. 하지만 상대방 얼굴이 익숙해지고, 그가 어떤 사람인지 알면 경계심이 풀어져요.

이후엔 서로 친해지는 과정을 겪게 돼요.

그런데 난민과는 이런 경험을 하기 힘들어요. 직접 만날 기회가 별로 없기 때문이에요. 우리는 대부분 뉴스를 통해 난민 이야기를 들어요. 여기에는 부정적인 내용이 많아요. 이런 이야기를 반복해 듣다 보니 난민 하면 나쁜 이미지부터 떠올려요. 직접 만나본 적도 없고, 나쁜 경험을 한 적이 없는데도 그래요. 이러한 감정을 '편견'이라고 해요. 그러니까 우리는 만나기도 전부터 난민에 대한 편견을 가지고 있는 거예요.

또, 어른 중엔 난민이 범죄를 저지를 수도 있다고 걱정하는 사람도 있어요. 난민 중엔 나쁜 일을 저지른 사람도 있을 수 있어요. 하지만 모든 난민이 그런 게 아니에요.

입장을 살짝 바꿔 봐요. 한국인이 스위스에서 범죄를 저질렀어요. 스위스인은 한국인에 대해 잘 몰라요. 그래서 '저 한국인이 범죄를 저질렀으니, 한국인 대부분은 범죄를 저지를 거야. 한국인은 절대 받지 말아야겠어'라고 생각한다면, 정말 이상하지 않겠어요?

'같은 한국인이라고 해도 저마다 다 달라. 그런데 한 사람의 잘못 때문에 모든 한국인을 범죄자 취급하다니. 말도 안 돼.'

대부분은 이렇게 생각할 거예요. 그런데 왜 난민에 대해선 그러지 않을까요?

난민은 나와 다른 사람이에요. 나와 우리 반 친구인 철수도 다른 사람이에요. 세상에 그 어떤 사람도 똑같지 않아요. 그래서 우리는 서로를 알아 가고 이해하는 노력을 하는 거예요. 그리고 이 과정은 세상을 재미있게 만들어요. 모두 똑같다면, 세상이 얼마나 재미없겠어요?

29 난민이 될 수 없는 사람도 있나요?

어떤 사람은 결코 난민으로 인정받지 못해요. 오히려 바로 추방당하기도 해요. 그렇다면, 어떤 사람이 난민으로 인정받지 못하는 걸까요?

첫째, 세계 평화에 반하는 범죄, 전쟁 범죄, 인도주의에 반하는 범죄를 저지른 사람이에요. 미얀마를 예로 들어 보면, 어떤 미얀마 사람이 자기 나라에서 도망쳐 우리나라에 와 난민 신청을 했어요. 그런데 알고 보니 소수 민족인 로힝야족의 탄압에 앞장서고, 수많은 로힝야족을 죽였던 사람이에요. 이런 사람은 난민 지위 인정을 받지 못해요.

둘째, 우리나라에 입국하기 전에 중대한 범죄를 저지른 사람이에요. 다른 사람을 죽였거나 다치게 한 사람도 난민 지위 인정을 받지 못해요.

셋째, 유엔의 목적과 원칙에 반하는 행위를 한 사람이에요. 유엔은 세계 평화와 안전을 보장하고자 설립된 국제기구예요. 유엔의 목적과 원칙에 반한다는 건 세계 평화나 안전에 위협이 된다는 걸 말해요. 이런 사람 역시 난민 지위 인정을 받지 못해요.

위의 규정들은 우리나라 난민법에 나와 있는 거예요. 그러니까 우리 정부는 이 규정에 따라 난민 지위를 인정해요.

그럼 한번 받은 난민 지위 인정은 계속 유지되는 건가요?

그렇진 않아요. 비호국은 난민의 지위를 취소할 수도 있어요. 어떤 경우에 그럴까요?

1. 자발적으로 국적국의 보호를 다시 받는 난민
2. 국적을 상실한 후 자발적으로 국적을 회복한 난민
3. 새로운 국적을 취득하여 그 국적국의 보호를 받는 난민
4. 난민 인정 결정의 이유가 사라진 난민

난민은 국적국의 보호를 받지 못하기에 비호국에 보호를 요청한 사람이에요. 그런데 국적국의 보호를 받거나 다른 나라의 국적을 가지게 된다면, 더는 난민이라 할 수 없어요. 이런 경우, 비호국은 난민 인정 결정을 취소할 수 있어요.

세계 평화에 반하는 범죄, 전쟁 범죄, 인도주의에 반하는 범죄를 저질렀거나 유엔의 목적과 원칙에 반하는 행위를 한 사람은 난민 지위 인정을 받지 못해요.

30 난민이 더 생길 수도 있다고요?

강제 이주민은 예전보다 줄어들었을까요?

오히려 매년 늘어나고 있어요. 2010년엔 4000만 명이었는데, 2022년에 이미 1억 명을 넘어섰어요. 그러니까 지난 12년 사이에 두 배 이상 늘어났어요. 다른 나라로 간 난민들도 자연히 더 많아졌어요.

그럼 앞으론 어떨까요?

전문가들은 난민이 더 생길 수 있다고 해요. 가장 큰 이유로 기후 위기를 들고 있어요.

온난화 현상으로 지구의 온도가 계속 올라가고 있어요. 그 바람에 이상 기후 현상이 잦아지고 있어요. 비가 많이 내렸던 지역에 가뭄이 들고, 비가 전혀 오지 않았던 지역엔 큰비가 내려요. 우리나라만 해도 매년 이상 기후 현상을 겪고 있어요. 앞으로는 여름이 길어지고, 겨울은 짧아진다는 예측도 있어요.

기후가 변하면 생태계에도 변화가 와요. 가뭄과 홍수는 동식물의 자연적인 리듬을 방해해요. 또, 곡물의 생산에도 영향을 미쳐요. 그러니까 생태계의 체계가 원래의 흐름에서 벗어나 혼란스러워지는 거

예요. 이를 생태 교란이라고 해요.

곡물 생산에 문제가 생기면, 식량 부족 사태가 올 수도 있어요. 식량이 부족해지면, 각 나라는 더 많은 식량을 확보하려고 해요. 이는 곧 국가 간 분쟁으로 이어질 수도 있어요.

또, 북극의 얼음이 녹아 바다의 수위를 높여요. 해수면의 상승은 수많은 도시를 물에 잠기게 해요. 2030년엔 우리나라 제2의 도시인

부산 지역의 일부가 물에 잠길 수 있다는 예측도 나왔어요.

국제기구인 유엔은 2050년이 되면 2억 명의 기후 난민이 생긴다고 예측했어요. 수많은 사람이 머물 곳이나 먹을 것을 찾아 원래 살던 곳에서 떠날 수밖에 없기 때문이에요. 그래서 지금이라도 우리는 온난화의 주범인 탄소 배출을 줄여야 한다고 해요.

탄소 배출 줄이기

온난화 현상을 멈추려면 탄소 배출을 줄여야 해요. 탄소 배출의 주요 원인은 화석 연료 사용에 있어요. 이 때문에 세계 각국은 화석 연료 사용을 줄여 나가기로 했어요. 그리고 그 방법으로 '탄소 중립'을 달성하겠다고 선언하고 있어요. 탄소 중립은 탄소 배출량과 흡수량이 균형을 이루게 하여 탄소의 실질 배출량이 영(zero)이 되도록 하는 정책이에요.

31 난민 인권이 중요한 이유는 무엇인가요?

우리는 지구라는 행성에서 함께 살고 있어요. 그런데 오래전부터 사람들은 땅에 줄을 긋고 여기는 우리나라, 저기서부턴 너희 나라라고 구분했어요. 하지만 땅은 그냥 하나의 땅일 뿐이에요. 우리 땅이 아프면, 다른 땅도 아파요. 우리 땅의 사람들이 고통을 겪으면, 다른 땅의 사람들도 고통을 겪어요. 단지 순서의 문제예요. 우리 땅이 먼저 아프거나 다른 땅이 먼저 아프거나.

난민 문제는 난민에게만 닥친 문제가 아니에요. 난민을 배출한 나라의 문제이고, 난민이 가 있는 나라의 문제이고, 앞으로 더 많은 난민이 생길 수도 있는 지구촌의 문제예요. 그러니까 우리 모두 관심을 가지고 해결해야 하는 거예요. 난민을 외면하고, 차별하는 것으론 그 어떤 문제도 해결할 수 없어요.

그렇다면 우리가 할 수 있는 일은 무엇일까요?

일단, 편견을 가지지 않는 거예요. 편견은 짙은 색깔이 들어간 안경 같은 거예요. 상대방을 있는 그대로 보지 못하게 만들어요. 세상이나 사람에 색을 입혀 보기 시작하면, 우리는 우리 자신도 제대로

볼 수 없게 돼요.

그리고 차별하지 말아요. 세상 그 어떤 사람도 차별받아 마땅한 사람은 없어요. 국적, 인종, 민족이 다르다는 이유만으로 차별해도 된다는 건, 곧 우리도 다른 나라에 가서 차별받아도 된다는 말과 같아요. 우리는 차별하면서, 우리가 차별받지 않기를 바랄 순 없어요.

여기서 한발 더 나아가 난민의 인권에 관심을 가지고, 각자 할 수 있는 일을 찾아볼 수도 있어요. 이를테면, 난민 지원 단체에 가입해 여러 활동을 할 수 있어요. 또, 용돈을 아껴 매달 후원금을 낼 수도 있어요.

우리는 세상 곳곳에서 일어나는 전쟁을 그만두게 할 수 없어요. 또, 우리는 수많은 사람이 난민이 되는 걸 막을 수도 없어요. 하지만 적어도 우리나라에 온 난민이 억울하게 차별받지 않도록 노력할 순 있어요. 이런 노력이 하나둘 모이다 보면, 세상은 좀 더 좋아지지 않을까요?